AF577494

EDITION BELLETRISTIK

→

teilchenland

CACA SAVIC

Quartheft 80 | Edition Belletristik
1. Auflage
ISBN 978-3-945832-37-0

© 2020 Verlagshaus Berlin
Chodowieckistraße 2, 10405 Berlin
Alle Rechte vorbehalten.

www.verlagshaus-berlin.de

GEDICHTE: Caca Savic
ILLUSTRATIONEN: Nina Kaun
LEKTORAT: Jo Frank
GESTALTUNG & SATZ: Andrea Schmidt
SCHRIFT: Blackhaus, Maiola
BUCHDRUCK & -BINDUNG: Druckerei Totem / Printed in Poland, 2020
PAPIER: 90 g/m² Amber Graphic / 250 g/m² Iceblink weiß

Das Verlagshaus Berlin wurde 2018 mit dem Förderpreis des ersten Berliner Verlagspreises und 2019 mit dem Deutschen Verlagspreis ausgezeichnet.

Alle Titel, die im Verlagshaus Berlin erscheinen, werden im Literaturarchiv Marbach, im Lyrik Kabinett München und in der Deutschen Nationalbibliothek archiviert.

Alle Rechte vorbehalten. Das Werk, einschließlich aller seiner Teile sowie der Illustrationen, ist urheberrechtlich geschützt. Jede Verwertung außerhalb der engen Grenzen des Urheberrechtsgesetzes ist ohne Zustimmung des Verlages, der Autor*innen und Künstler*innen unzulässig und strafbar. Das gilt insbesondere für Vervielfältigungen, Lesungen, Vertonungen, Übersetzungen, Mikroverfilmungen und die Einspeicherung und Verarbeitung in elektronischen Systemen.

teil
chen
land

→

→

obris

↓

→

1

formst Karikaturen auf Machthaber als Ver-
ständiger der Künste, der sagt was er sieht.
verlangst in mein Herz Ventile zu bauen,
Gegenwart um auf alles zu stimmen. hast für
immense Überladung gesorgt. in der Kammer
der Mehrsamkeiten bin ich unter denen, die
Nichtnebel suchen. und verschlingst meinen
Atem, gebierst dich göttlich, erschlägst meine
zarte Schläfe in Tauweiß, die ich mir stifte
jede Stunde in allen Zonen

↓

→

2

holst den Besen aus der Ecke zum Aufschieben zum Umkehren, drängst dich orchestral in meinen Namen. dabei falsch gestickt, die Initialen stellen uns bloß: von dort. treibst die Säue gegen meinen Willen und steinigst mir die Zunge, erinnerst die Erziehung an den Teufel. uvijek verliere ich die Inhaltsangabe der Machthaber. kannst mir die Stirn kühlen, das Fieber aus meinen Gelenken ziehen. nährst meine Sucht nach deiner Art, lässt mich die Tiere weiden, in einen reissenden Strom zwingen. soll Gewalt tvoja meine Unschuld beweisen, eine natürliche am besten, kannst es damit nicht aufnehmen

↓

→

3

schließt einen Gang, ich sehe den Schlund, wendest das Taschentuch in deinen Händen, zeigst die Inschrift, mehr als die langen Bänke der Mehrheit. und ich fliege durch Schächte kao krieche nicht zu den Überkopfbildern. klopfst Straßen und stufenweisen Abstieg überbauter Spuren meiner Neuigkeiten aus dem Beispielkoffer, schlägst wie ein Startschuss auf die verhallten Glocken, damit stumm und dabei keiner mehr selbst. auf den Gassen kein Stein ohne Abfall, neben dem Rinnsal dein Strom austrocknet

↓

→
4

machst das Hemd aus einem Stoff von meinem Ballen, stehst dann da und tanzt im Reigen, verrenkst meinen Mund in Zähne die brechen und ich mahle aus meinen Knochen ovo Mehl. machst dir eine Markierung, damit gerate ich in die Umlaufbahn, schiebst mich zu den Inhabern, aber ich war einmal ein kleines Tier. verschenkst meinen Pelz und du verlangst nach der Nachmittagsstunde und wieder eine Gesamtheit aus Klonen

→

→

sollst den Raum senkrecht abschließen beginnst dort Gestalt und legst die Blickrichtung aus: ihr ins Unaussprechliche. auf gestampften Böden Unrat alter Viecherei, könntest Triebige nicht bekehren oder verstellen. ihr Durchschauen im Widerspruch, wollen Angeber klargewaschen ausstellen. Trägst säckeweise verrottete Absperrungen dir Finger zu lahmen

→

→

Umzeichnung aus deiner Hüfte als Strich lässt ein Dort entstehen, vielleicht ein Sein in Stellung, eine in Fleisch reaktive Farbe. Kerben gestrichelter Zuordnung vertuschen eine flüchtige Komposition des anderen. rhythmische Kontur lässt im Aufsteigen Heulen eindringen. Zeilen weiter: würgst verrenkte Kinder, ziehst über die Kluft und willst Unterwerfungen anhängen auf Augenfarben aufhellen in Sprachen angehäuft. die verrenkten Kinder hergeben für gestärkten Loden, zum Gelächter auf Buckel drapiert zu noblen Hüten, die einst Hirschköpfe auf Antilopen kränzten. Vergewaltigertrophäen

→

→

versprengt über glänzenden Scheiben, zersplitterte Standpunkte werden im Unendlichen Kiesel, wo kopfüber im konzentrierten Verlauf nur landet was Südseemode zu tief im Ungewissen der Gezeiten erzählt. Sprechblasen aus Klangverlust und notwendigem Schreiverhalten sind Parabeln der gefürchteten Stunde, tragen im Handeln der Unsichtbaren zur Methode des Übertritts schwingende Röcke, zu gebrochen klaffenden Früchten verführt

→

→

hältst Schritte im Marsch für Wanken addierst flüsternd die Befehle: auf jeden neuen Kommandanten kommt ein neuer Rhythmus von einer Straßenseite zur anderen. auf Dächern kein Rauch, in Gehegen das Vieh folgt Speisungen auf Zähneknirschen hinter Zählpflöcken fremder Vegetation. schlafen doch im Ahnenschmutz, du hältst seine kosti zusammen, verliert er sein Glied gerät die Familie ins Ungewisse bricht sich Herkunft vom gebrannten Teint als Krustentier. versprühst Speichel aus Gestammel mütterlicher Gesing Gesang begleitet seine Gier nach Fratzen. überladene Hoffnung klatscht auf Hochglanzboden

→

→

die Illusion von Linien und die Skizze der Wirklichkeit als schonungslose Vorsehung. zerteilter Beton ähnlich einem Ziel, nur immerwährend, dazwischen zwingend. unbebaute Gebiete werden durch Begrifflichkeiten bestimmt, illusorisch genannt

→

→

hinten links der ungefähre Mann im Handlungsrahmen: Einzelteilezubehör. verlangsamtes Schauen in Unordnung zur Vermessung verdunkelter Straßen, aus Ansammlungen gebrauchter Umländer als Insassen zu leiten Ausformung und Deformation dennoch geordnet in Teilung: Rümpfe Köpfe Glieder Massen Säugetiere und Wirbel, der Straßenlose bietet beidhändig seine Gliedmaßung an

→

→

unter dicken Nebelschwaden spielt farbenfroh die Hetzjagd, bläst Horn zum Rest und folgt blind geblendet gierig dem Kodex traditionsgeladen. aufgelistet heiterer Triumph vorangegangener Migrationsmetaphern. aus abgewischten Handschriften wie unschuldige Bärte, blass und schmal für gewachste Herrschaften, ungelenk in edler Bewegung erscheinen ferngelenkt ihre Triebe, abgeschlagen über Satteltaschen

→

→

trag rein: in tiefen Rillen, wo der Hintergrund verschwinden will. von außen: du dagegen drückst, den Nachhall eingeseilt in Rissverschneidungen. und ich schräg mich in die Bezeichnungen hangele. darüber fliegt der Mantel auf und gibt so etwas wie Familie frei: vierköpfig in Masse. wir halten den Umriss für Licht, aber Straßenzüge haben Beschreibungsmacht. du gewaltfrei Hülse spannst statt Gottheit auf See, Schutzzäune gegen Feuerzündungsgestalt schließt und das Raster über den Saum zeichnest seelenruhig ein Portrait nach dem anderen verwässerst den Körper

→

→

geeichte Züge orten abgemachtes Spiel. Umwandler halten vertiefte Eigenschaften für immer gültig in kieselgrauen Räumen der Verwaltung. fremde Hände in jung beten nicht mehr zu vordersten Reihen. aus den Frühlingsästen hängt ihnen der Rausch entgegen. vergessene Schichten ausgehoben in durchgerodeten Gärten. gedämmte Gespräche durch warme Tücher gemangelt erringen Ausdruck und Nähe in Gläsern. verschraubt für Sünde geblättert und insigniert

→

→

više Stationen abgenützt und übrig bleiben Ersatzteile, ein möglicher Transit nach tätowierten Bröseln. ausgebreiteter Uratem durch Transfusionen unumgänglich, im Blut gerinnt mein Wiederbeleben: Umtausch familiärer Widersprüche nicht möglich. es waren einmal die Kirchenstifter, die von einem ausgingen der floh Rebell zu werden, ujediniti was nicht sichtbar war. jetzt ist er selbst verschwunden, scheut zu reden: lebenslänglich Kuriosität überwundenen Ekels

→

→

deshalb immer ein blutiger Rest im blinden Misstrauen, in Vertraulichkeiten Gesponnenes, verklebt die Augen zu halten. du teilst Verletzlichkeit rukom in sinnvoll und ungerecht. aus dem shim-sham ins dort umzugehen: neue Orientierungen. ins Voraus verbundene Ordnung, von oben aus singen: aus Beständen des Vorherbst. Bote Luft Bote Farbe: ein Ungeschehen für zwei Punkte in Deckung. hier wird Begriff bereitgestellt geklärter Aufbau

→

→

als Gestern kommst du ins Morgen nachgejagt filterst mir sphärisch den Blick, das Lager bezahlt bereit gestrichen in Untergrund ausgelegt, verendete Farben wollen mir Bilder malen und mahnen aus purer Ausdrucksfernheit. kalkiger Geschmack zieht in die Stunden, ohne knochige Strichlierung der Tageszeiten, dafür mit edlen Kadavern. Ungeziefer beziehen Rachenraum, fliehen vor unstillbarer Gier nach Schaum

→

→

einzellig wirkt ungesellig, daraus stöberst ein Schimpfwort für dich auf Speichel krojač aus einem Verdauungszustand gerettet in helfende Räume. die Einnistung nach außen gekehrt, die Verfremdung in Partikeln zählen. Teilchenland, ein ganzes System anbeten, das in seiner Grenzenlosigkeit, gegossen musealisiert in sandbraunen Ton gebrannt, in Position gereckt als Überlebendes. ihre Zähne schützen dich vor obris, dem Übertritt in ihre Zellblase zur Teilung gekrümmt, aufgedunsen zu einer berechneten Fratze

→

→

stürzten auf hohe Dächer gebauter Reihung wie ein Glockenschlag zum Ruf markiert, räumten den Spielstein als Schnitt aus dem Rückweg stark Überlebender ab, mehr als vor Angesicht wankte das Dohlenbild in falscher Zeit, stahl Trassen in sieben oder mehr, aus siebtem Graben fielen Gerüste des Weibchens in Aufruhr eines Männchens in Umwandlung. den Park versprengt in unwegige Landschaften, naht kein Tier aus dem Lexikon in eine Präparatesammlung, verführt zu Schwärmereien

→

→

hin zum Pflasterstein gebeugt riechen die Zwischenräume wie modrige Angebote, vor grüner Brettertür das Dürrengelb bietet Schichten der Eiszeitoase. in Trittweite ist Länge eine Dimension, Größe im Gestreckten ist undenkbar darzustellen, vom Beinahestand kommt Ausweitung in tiefe Ländereien ohne fertige Ansicht

→

→

erkläre den entspannten Wohlklang ohne Erfindungen. aus winzigen Kommandanturen strömen im Vorgarten die Ahnungen, hinten stehen die Ereignisse verpflanzt, erscheinen als Kopien schön gezeichneter Pläne in Utopistenmappen abgeheftet, für den Jahreswechsel die Wärme aus Kraftwerken als Inhalat 5mg zerstäubt

→

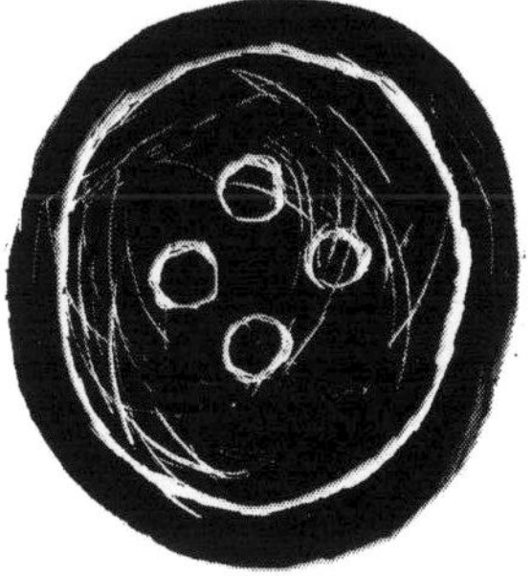

→

in flüsterndem Ton alte Behauptungen aus Kehlen, dann stieß der Sturm verdorben aus Nüstern der Ungebetenen in Lüfte und fegte altgediente Markierungen daleko, die Fanfaren gebohnert und die Tücher frisch gefärbt über strahlende Wehranlagen, sagst du: eingeschummelt die Kultur zu kaschieren den Hochmut geteilt in Unwissen und Moderne, und anders: in verständlichen umgekehrt unverständlichen Melodien nichts zu sagen ergibt keine neue Sprache, versteht mein Gehör. es entsteht eine Linie als Trennung wie Strömung in Sinnen und abgehängte Früchte wie Äpfel, verwunschene Trennung ist die Betonung die manchen Blick leitet: Ecke mit Punkt neu erreichen lässt, den Normalaugen als halben Fleck

→

→

vor offenen Mäulern wie Sperlinge, eine
Schar in unpassender Jahreszeit. es geschieht
in Reihen des Gesagten wortlos vorm Wider-
stand, amputierte Revolte, sie nähen Flaggen
auf Türen und fahren auf alten Gesetzen in
Hymnen auswendig. hast Sardinen veseo ausgenommen, verbirgst die weichen Knochen
während das Jahr im Radio musiziert

→

→

der Becher scheint aufgesetzt ein Kelch, schräg
zum Satzlesen gehalten, um den Wald zu
erspähen. meinen flüchtigen Teppich rauh-
grau, Schiefernacht steht ungebeten im Garten
sieht blaublütig aus, geht in die Knie. wieder
kämpfen um das untere Drittel, Blickrichtung
Vorderansicht. hinterher dunkel wird morgen
als Größe entscheidbar, diese Tageszeiten
ähneln Medikamentenschachteln, leer und
halb Vergissmeinnicht. ohne Postkarten willst
jeden Tag mehr verstecken, leugnest ihn, aber
Licht formt ihn und färbt mich ein, dennoch
mehr Waldsaum vom Tier, dennoch um Stille
beschrieben, dennoch streichen die Wasser
im Motor

→

→

beschreibe was im selben Moment wird, nicht verewigt, zerstört und daraus entsteht die andere, marmorne Echo. die Prägung auf das Ursprüngliche in ihrer Fleischlichkeit eingeht, es nur verrottet und verschwindet, noch genauer als davor

→

utopija

→

kantig entscheidet sie den Abgang zur herrschaftlichen Meile, eine Übung gegen den Aufstieg entlang von Kollisionen hängt sie steil gegen die Bodenhaftung, verlässt die Biografie. Sedimente der Gebirgsbildung erlauben nikada ein Überwinden des Lichtübergangs, dumpf explodiertes Gehör, lassen sie auf den verachteten Boden fallen, unmissverständlich gestrandet und mit schachtentief gesenktem Kinn koljeno ist sie auf allen Vieren und nicht in den Lüften, bereitet den Fortschritt Blick festgerichtet auf abgetauchten Untergrund. es deutet sich das Regenwetter versprengt ranzige Düfte in öliger Luft wie Stimme aus Kreide

→

→

1

schiebst dich hinter die Position ungesehen
vorm Schrei der ersten Stunde, krümmst dich
auf dem Weg zur meiotischen Orientierung
fällst aus dem Wetter geradewegs ins Rosa

↓

→

2

schaufle Schlaf aus Schubladen wo Funktionskleidung lagert da springt ein angeschossener Bock dir ins Aug, zieht astrologische Analogien

↓

→

3

hinter mehrlagigem Zaun Westwind schleichst du den Verlauf deiner verschlepp-ten Vogelsammlung ab und versuchst die Sippe über die Grundstücksgrenze hinaus auf einen Trampelpfad zu führen bis sie aus deinen Gliedern flutscht einer Komposition im Rondeau aus Zellfasern

→

→

gestern und heute kažu wie immer hinter mir neues Blei, dort waschen sie Kleider und Kinder hängen ihre Köpfe in Aluminiumlachen ohne sich auf Sprache geeinigt zu haben, aus Gräsern steigt ein Superheld steht in gelenkten Gewändern wie gemaltes Metall mit verfaulter Maske, Gestalt ist aus einem Verständnis gesprungen

→

→

aus Höhlen sollte ich zurückkehren der Ausgang war zugemauert und übrig blieb die Brache ungerastert, sinnlos alles davor und dahinter, blieb ich in meinem Steinloch liegen zimmerrein zwischen den Rippen und daraus ein Gewirr aus eisernen Augen und steifen Mündern, verschorfte Füße zum Stehen welken im Wasser tamno verspielen den Einsatz im Händereichen einer Nachverbindung

→

→

dass du mich mene nicht ansiehst entwickelst mir eine Nachricht aus Versätzen, Zeichen daraus sind nicht bekannt die neue Sprache sollte ich bereits können. in aufgeteilter Manipulation, in Läsion lässt du das Sprechen abstürzen durchstreifst meine Korridore in Schritten millimetergenau umgesetzt wie aus Linsen die deine Iris einfärben. vorgefertigter Trost als Verteidigung Vervielfältigungen für Notlagen

→

→

leg eine Skizze über deine Position und sieh deine indiskreten Wege eingetragen, da scheint die Skelettierung eingerüstet lose bis ektop. schaumschlagende Vipern atmen die Aufbrüstung. ich pflege als Nichte die familiäre Station, denke in Archiven: von jeher eine fehlerhafte Aufzeichnung. auf Untergrund gestecktes Muster kann die Sinnsprache ihrer Handlung in einen Chor fassen. unter Strömungen entflieht Grün durchs Rohr wie Zeit schießen. erzähle in monarchischem Ton: die Legenden gehören nicht mir, im Offiziersjackett steckt ein Kanonfutterausweis als Hinweis auf ihre Kartografie

→

→

der Spaziergang im Andenken verfolgt Hüft-
spiele, verordnet dabei eine Anzahl getarnter
Sätze. kippst Feuer in faulige Fässer aus
Zeiten vertrieben stehst notiert: Drehspalier.
strichlierte Ecken glimmen hell aus, führen
die Wege unbeugsam nachdenklich in ein
knospendes Geräusch, verzog zu verquer.
meine Kreidestimme löscht die flirrende
Botschaft

→

→

heulender Krummschritt auf schwieligem
Parkett kein Klang wie dein Klang gewaltiger
Glanz auf Schuh geeicht fünfstrahlige Dun-
kelheit direkt in Zählung verfolgte Jahressicht,
still lassen mir Schimmerrücken den Vortritt
beantworten mich nur abwesentlich vormals
trug ich Beulenschuhe ans Kleid

→

→

über allen Rasenstücken aber verlange ich
nach dieser alten vierstimmigen Fuge, das
Gekritzel auszuloten mit Phrasen im Schlag:
das Gesicht soll ins Portrait passen. aus deiner
Schicht gerätst in die Kutschfahrt oder als
Prinzessin im Pelz doch wickelst deine Lust
in ein Verlangen um Hochglanzecken wo
wieder der Schandfleck dich versaut, was soll
diese Scham für dich erledigen als ein Ich auf
zweibeinigem Ausdruck, hat einen Spalt
geöffnet, eine Sprengung riss den Rücken
auf. die sehnige Nordung verloren an einen
fremden Bruder der dich Rippe um Rippe
auf einen Stuhl modelliert, das Fleisch fühlt
nicht es ist ein Zustand in Kommunikation
auf Übergriff, hält einen giftigen Schlund
offen um die eine Auslöschung zu simulieren
um nach unten eine Verbindung zu schlagen
die Körnung aus Linsen zu drücken und in
neuem Fleisch der triefende Strich

→

→
tjelo
↓

→

ein Degen wedelt im Stich und ich werfe die Karten über den langen Tisch, lege nackte Gedanken zur Schau aus Prüderie igra tänzelt ein Aufstand der Führer, sie denken sich Körpermale aus, setzen die Messer direkt und sicher auf Karo. die Kerbe wird zum Kanal verleitet verführt, tief angesetzte Schürfrechte jenseits der Notwendigkeit von Archäologie. die Wirkung schreit im Blick, aus der Farbpalette für Augen einszenen einnorden mich steril einlegen. Nachläufern pjeva steigt die Lage der Vermählung in die Hosentaschen, scheppert in Kochtopfquartetten unter Planen als Betrunkene. im Trübstrom auf Grund gefahren am Rand des Urwalds, durch den ein Schiff geschleppt wurde, bringt den Archäologen in Stellung fegt das Profil der Verschüttung frei jauchzt auf in der Sinnsuche. Kolchosenwärter Straflager Widerwärtigkeiten, Umspurungen für die Nachkommenschaft aufs Kampfvlies geschneidert, alle Schnüre bis auf Schmerzgrenze genetski gedreht in Übelkeit gekrümmt, zu unterst vernäht verwandelt in diese dritte Person Einzahl, Nähte sind kein Ersatz für Schiffstaue, doch Matrosengeschütze in erregtem Zustand halten die Arme still

→

→

versuche Geschlecht zu kürzen vor zwei
gleichen Zeichen in Disparates verringert
doch wieder steht das Zaudern vorne teilt
Transparenz als Mehr Quotient im Körper
durch Verringerung größer als 1

→

→

1

drei Riesenechsen stehen hinter den bewegungslosen Troubadouren, den verdammten Halsabschneidern, somatogenen Würgern. zwischen Häuten liegt meine wohlgeleimte Barriere, versuche den Kopf auf Druck zu fixieren darunter entsteht Ich in Spannung, während kao koža verdampft zu Wüstenhighway sind Weltmeere ausgeschifft ausgetopft überfahren. in die Mikrolaiche meines Würgers stürzt akute Mischung Lava, dafür wieder einen Staatshandschlag. unter den Rettern stehst du mit Dolly zum Ausprobieren bündelst Ehrenpreis fischst Destilate verwelkst auf Leber

↓

→

2

in löchrigen Leben nach einem Geißfuß
entsteht ein Schwindel aus Undurchdring-
lichkeiten fehlenden Anhaltspunkten, ein
Sog wird zum Strudel zerrt an Gliedern
verschiebt die Raumachsen, einen kurzen
Moment Rausch erinnert die Existenz. greift
auf den Hocker zurück im Spagat und verdreht das Gelenk vielleicht in ein Gestell,
dann löst Angst die Überflutung von Bildern
offener Gesichter und die kosti kannst nicht
aufteilen reisst Tiefe sichtbar ins Geknäuel

↓

→

3

hinter roher Aussicht ist die Ahnung auf Gangbares, aus Gleichgewicht wird Absturz unaufhaltsam mehrzellig, zwischen Halmen weißer Felder liegen verebbte Lieder unter tipptopp ausgeformten Kurven, im Morgen wartet karg und stolz die unverhandelbare Überlieferung, als Stetigkeit im Licht veränderbar. dort klopft sie spitze Steine aus den Stiefeln der Großeltern, denkt latente Kinder, von schreienden Wunden verschont und da entsteht der Ruf nach Herkunft nach naher Herkunft in aufgerollten Landschaften

↓

→

4

die Wetter verteilen das verdorbene Gestüt in Pose, geerntet getränkt in aufopfernder Pracht. bewegte Masse träumt ungelenk im Hinterland unsanfter Lieder Verlockung in durchgeplanten Räumen. sie kann kaum eine Stunde überstehen, zwei Ellipsen beschreiben Unendlichkeit weiblich, schaffen Geschlecht

↓

→

5

obris ist flüchtiger Inhalt, liegt ausgenommen
auf trockener Bahn verschiebt das Umfeld
aus schwerem Öl, alter Bart
obris wird brüchig als dünne Schenkelung als
tragische Essenz taillierter Formen, Mädchen
samenloser Männer
obris sucht Dringlichkeit sich zu berechtigen
in enger Klammerung kindlicher Stolz und
das Gelächter der Großsprecher
obris zieht weiter zu verblichen geglaubten
Grenzen wo andere auf Zuschnitt warten,
selbst zynisch
obris verdankt Zuwendung vieler Jünglinge,
suchten Jacken und Hosen und gaben der
Versuchung nach
obris gibt vor, ist wandelbar, geschieht nicht
mehr

→

→

auf morastigen Spuren vernässt der Handlauf des Exerzierers, Hacker unter Kniehöhe, Farben zu eckigen Tönen geraten zu stofflicher Realität, Vögel krallen Rinde verderben in Umschau spiraliges Moor, auf Abstieg grauer Sog, ziehst ab im schäbigen Hemd zerreisst die Luft gerätst in zu tiefe Hängung

→

→

aus Meereswirbeln steigt, bietet locken feil
blasse Dellenkörper überstrahlt Sternenlicht
strandnah, Augensprache deutet laut ins
schwarze blau, verbirgt die Nachricht: gurgelt
still, holt dem Atem totbleich die gebrochene
Sicht voraus

→

→

die Schultern stapeln sich über dich hinaus
und dann stürzt du im verdrängten Schwamm,
im wassermeidenden Koloniegel blüht Salz
statt deiner Ohren als Koralle, flache Hand
von links unten nach gelb verschiebt Flächen
in Taschen versponnen, die Stimme stellt den
Kopf im Genick, rechte Hand ist die lahme
flache von links unten nach oben

→

→

ein Märchen endet hier: hölzern der Geruch
trotz Echos Suche nach Weihrauch für ihre
fiebrigen Kinder, Fruchtbarkeit überlässt sie
einem faulen Hirten, er schenkt ihr mageren
Faden, soll sie sich Narben und Mut einnähen
in ihre unheiligen Gewänder ihren Unterleib
ein Märchen endet hier: sie schreibt ein Lied
von verkümmertem Stamm, überflüssiges
Ziel aus klaffenden Strümpfen, Kronzeugnis
ablegen über verdrehte Triebfedern

→

→

Ausgang im Gehen schürt keine Muße, die Sehnsucht unbeleuchteter Showtreppen. ich übernachte nie unbekannt trinke nie ungelenk kündige neue Formen schreiend an, bestehe aus Schichten vielleicht Kleidern nenne die Lichtviecher bestimmter Zeit unklar, in Bewunderung vieler oder weniger. sie bereitet ihr Gesicht vorbenannt in Richtung Wunder der Sagen, als Zählen auf die Tage: erst beginnt ein Morgen tauft Frische sandig reibt aus Fingern gleich dazu den zweiten geboren in seiner Kraft ferner gemeiner, sucht Anfänger der Sämereien tanzt tränkend und nährend an, vergeht schnell, der neue Morgen soll erzwungen werden verbraucht viel Wissen als Spitzenreiter. du planst, dass kein weiterer Tag ungeduldig mich ans Neue stellt, den vierten der Westentasche als Staubkorn im Tanz eingedreht, zunächst als Gestank verschiedener Drüsen

→

→

ich träumte von zwei Stellen, ich träumte zeigtest den blauen Schatten mit glatten Baumschindeln, beeiltest dich unterm Gewitter mit zu haltender Spannung, triebst mich weiter hinter deine Rufe dem Tempo von Kurgästen voraus. prächtige Gärten utopija auf Knopfhöhe, Trophäen stahlst einem Mister Flintenhalter trächtiger Schauer und risst ihm den Rücken auf. krumme Gesellen stehen parat zum Zugriff, schauen aus Maulsperrenmündern stummer Begleiter, wollen in Vasen hüpfen Rittersporn zum Vermehren nah. kletterst mir um den Hals

→

→

einen Ozean öffnen aus wiedergefundenen Gattungen, wie Strömungen wie Sitten der Urgeschlechter, Tafelrunde und Schwerterkampf gefroren zu Stil verwandelten und rahmten die Bestimmung von Unterhaltungen, ein Post-Lancelot stieß die Verlängerung in deinen Mund in keine Empathie, Beine an den Tisch gefesselt, im opaken Glas ungesprochen lassen auf seine Sterblichkeit zu schielen

→

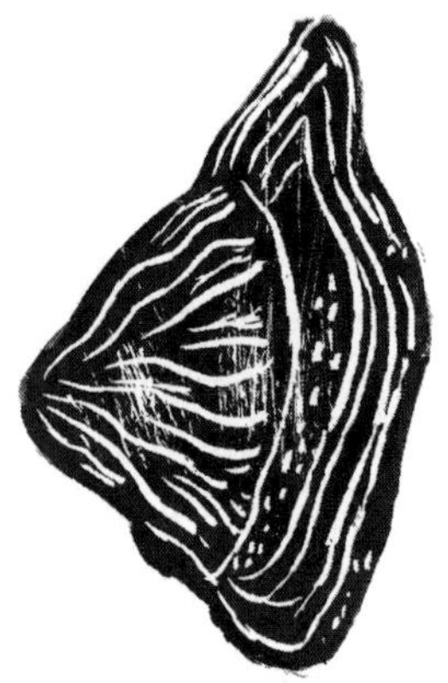

→

rückschlagender Gnadenschuss im Schmerzmittel dem Immensen zu stark beigefügt, ein Mann gesteht in tiefem Auge sein abhandenes Geschlecht, am Rand versprengter Narben auf der nahen Laufbahn, er meint: die Mischung ist gefährlich und besteigt ein Anwesen an gerodeter Böschung, die Tochter vertieft im Viehtrieb spielt dabei doch Vatermord, das Ich zusammengetrieben vom innerlichen Bruder, der Stammbaum aus dem Sattel gestürzt der tragende Gaul überschätzt, in verschnittenen Trab wechselt unbesteigbar der ausgeformte Gang, imitiert Ordnung. Geschichte denkt nicht strandet gefallen als Auserwählte

→

→

hältst in der Krümmung ohne zu wissen
verlangst du den Bogen aus Nichts, Unüber-
sehbarkeit spielt sich in deine ferne Neigung,
zu einer Seite Hüllenstau und Verband

→

→

als Amplitude im Vorbeigehen zum Schluss
mit Handschlag vollführt in Drehung um
Giersch bist du gefürchteter Herzrhythmus
fliesst grünfarben über Stein mehrfach Bein-
well, Übelgeruch kriecht in Glocken und
du erklärst mir in scharfer Freundschaft
Flügeldonner, Peitschenschlag aus Gehirnen
stimmen dem Hitzschlag fröhlich zu, prosten
unter Fächerwedel, als Jahrzehnt schlingst
für immer, Aufwand ist ein Stoß

→

→

wie mein Blick gerät die Sucht ins Unbekannt
will wach unterschieden haben macht mehrfach Schleifen für die Ohnmacht vor, kein
Verlass auf Sinne im Genre divlji erreichen
sie Zusammenspiel, aus Biologie macht
Erkennen kein Können

→

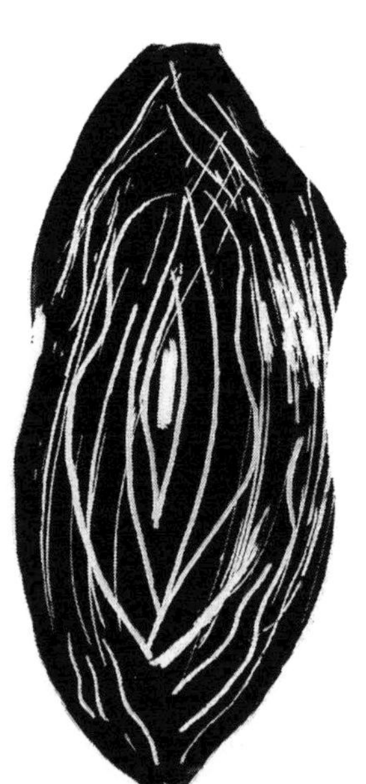

→

aus nassem Kleid schüttelte mich Nacht und du standst wie in junger Haut, die neuen Mikros schmiegten sich als Mädchen und du verdrehtest wusstest mich, fragte nach um meine Existenz du umkreistest meine zugestandene Tischplatzierung jedan dva, in einem Moment verwirkte meins, entstanden aus deinen früheren Brandrodungen, starrte auf meinen Namen der in deiner Quelle absoff und verlieh mir ausgefransten Schmuck

→

→

kleine Versuche einer Hinsicht melden mir
Umgehen mit Zuhören es wird nicht dunkel
und die Sichtbarkeit hält meine Richtung
aus dem Tag, kannst in Grell spazieren als
kurze Bündigkeit leichte Bürgerin verdreht
in Stein, ich versuche dich zu erreichen
drücke die Bewegungen tänzerisch ins nap-
rijed später vertreibst du mir Sehnsucht,
mein Fuß bricht knochenweise umwandelt
tačno mein Maß an Scham hölzelt mich
umher, am Ende meiner Zunge zerspringen
deine Silben und an falschen Tagen dringt
deine Einsicht wie Röntgen in meine Hülle,
stürmst auf meinem Weg mir entgegen legst
viele Bedeutungen für die Arten, aus Ängsten
formst Seele und Geist schunkelst mit Leder-
hosenromantikern. im Titel steht Geschichte
aller Mitspieler unfreiwillig als Zuseherin in
Zuordnung will dramatische Anordnung

→

→

aus Schlund und phallischen Gedärmen flüsterst mir einen Schuss vor Beginn meines Tanzes aus Geschlecht ein, trägst Merkmale von Intimität in die Nebenwelt von anderen und einem Sohn, dort trifft ein Entledigen der Waffen in Rüschen und verschnitten aus Weiß. dein Brief flimmert, im Gespräch mit Francis Bacon gelingt der Strich als Ausspucken dreht sich ein auf die Versatzstange voll Fragen nach Zumutbarkeit, als zögen Kater keine Spuren glücklich im Schub des Vergessens

→

iluzija

→

Glorie im Weſtern iſt für immer Kojoten-
geheul und Eulenrufe vor dem Saloon, meine
Hüte sitzen schief die Pferde lahmen ein
Hund läuft für andere und findet die Quellen,
dann dreht der Wind verkehrt die Spuren.
durch die knorrigen Hände der Sanduhren-
bläser rollen Quarze als zähe Schmelze und
formen Trichter gezählter Rieselung hinter
Glas, durchscheinende Zeit im Wendepunkt
verstopft

→

→

aus schwerer Bucht gezeitet, strandgutverschwendend in Meeresengen ausgehöhlt und verwehrt der wilde Strom, vom trockenen Arm kommen mir Tiere entgegen gestürzt, verwandte Blicke weiter Mäuler die Pranke nicht im Griff

→

→

gegerbt begonnen als alternde Einrichtung
greift der Ausnahmezustand auf entwickelte
Ummantelung, verabredeter Trübsinn findet
i zna Formbestand, treffsicher gewandert zu
gesammelt steiniger Landschaft ausgerüstet
vorgebunden Nützliches kariert, nach Trab-
rennbahnen zerren Landstraßen an Klage-
mauern

→

→

in wackeliger Schrift riechst Zeit im Immer stehst festgehalten ohne Krümmung brichst in Atemnot, als die Haare zu Ende wuchsen die Luft stimmte auf Kanon, du risst das Maul einklang auf die lauteste Unterwerfung, Trockenübung hast du verbreitet als Anfängerin aus Unfähigkeit zur Biologie biologija. Sprechchöre skandieren den Zustand, treffen die Vorlagen bei Ausatmen und Eindrücken zeitgleich

→

→

in Farbe das Licht zu strecken in Form zu gießen und auszubrechen, zur Ichflucht ein Sinn kann steif im Bild hängen und muss durch unpassende iluzija Türen aus Lichtreflexen auf Farbspielen umgekehrter Vorstellungen einander in Reaktion, Personentausch Fallverschiebung halten Strafanzüge der Kolonie. zur Lebensverrottung noch mal genau die Details aufwerten damit dem Zufall nichts entgeht wenn der Tag verwelkt, dort hängt ein Würfel vis à vis ein Quadrat und streiten um Konsistenz schwelgen in Frohgemut während Widerspruch banal wird, um die Tatsächlichkeiten zu entsichern muss der Strich udar gelten, könnte Flächen durchsetzen, radikal minimieren und sich doch auf Substanz verstehen. Zaubersprüche gelangen nicht weit der Wirkungsgrad verglüht

→

→

als beredtes Wort vergriffen bringt jezik Zungenschlag Erscheinungen und Wirklichkeit, nennt dem Wagenführer seine Anhaltepläne Durchhalten, ohne Beine die hinken als verlängerte Bethände verfälschte Schritte Blicke kreischend in Brunnen. wohin er geht gelingt nicht, Tintenrausch streichelt Sprachlosigkeit umformt seine Hilfsstärke, gori verbannt in kopfreckender Stellung kriegerischer Anblick

→

→

uneins und in Nähe zueinander mehr unterscheidbar gewesen an allen Augen ein Schein, Geſpräche an Fäden ausgehängt Haltungen vergeblich gesät das Grab war geſtochen, viele Arten gesucht verworrene verwendet unterschrieb ich den Vertrag. Unruhe wich nicht mehr, Jahrzehnte sollen Hoffnung machen Aussichten freigeben Abſprachen ſprengen Zusagen einfordern

→

→

aus Mutterobst wird sie zur Spinne vernetzt
Tagträume, Tatsachen fliegen rollengleich
verfangen sich zur Beute, Raubtiere bauen
Lasten ab. schmeiß Fliegen ins Leben. Nacht
bricht verfinsterte Pfauenaugen, in den Herbst
mündet Netz als Gitter als Geflecht im Nest
als Kreiszeichung

→

→

drängt Hintergrund tief ins Feldlicht Brand, unwesentlicher Blick im fernen Aufstieg dort unaufhaltsam, die Höhe aus mir abgerissen fehlende Weitsicht. der erste korak war unbeschwert im Ziel scharf die Tretmine, gefallen und bleiben unechte Früchte. Unsprachlichkeit singt für dich, Erzeuger Anleger steht fremd. ausgeblickter Punkt vorgestellt gebogen krivo in die Karte anderer aufgenommen

→

→

Kalenderblätter halten Versammlungen ab, von Bergen um Seen will er nichts mehr wissen. nennen Prägungen im Glassturz Gewächshaus wohlwollender Düngung für perforierten Abriss, sieben Tänze in bitteren Weinen Kränze aus Erzähltem, ringen den höchsten Scheitel zu schützen. spannst die Gürtel fest und reitest durch verlorenen Zweig und Last als gebrochene Stütze, aus zärtlichen Wettern löst graue Wolken notierst Formen behutsam lässt Berufskleidung stauen

→

→

deine Begegnung bis zum Umsturz scheint geklammert, der Rebstock im Strich tief in gestanzter Epoche im Unklaren der Zeit zu spielen, alles wird zur Zünftigkeit aus dem Zusammenhang, kahle Bäume preisen Vergangenheit und nebeln die Sicht gepaart mit Drolligkeit sittlich archiviert

→

→

ausgeführte Kleider, Ausdehnung nach zwei drei Richtungen: Körperhaltung Sprache jezik zeitgleich ohne Definition zu verbreiten und Klarstellung zu leiten ohne Verdrehung auszurenken ist der Satz verkümmert entfällt ausgebeult vor sich gekehrt. wo du nicht widersprichst: Darstellung im Darstellen orientierst vorangegangene Bestimmungen auf Grundtonabstimmung und fügst sie ins Orchester kehrst in angeschnittene Musterhaftigkeit als Zuhörer zurück, über Kreidezeichnung Flugbahnen von Ruinen, zwischen Fluchten ersehnte Perspektiven. suchte nach Unterseebooten bei angeführtem Licht im tamnom Dunkeln bleibt das Blau verschwunden, darum sehnt Erscheinung sich zu Gesehenem und wurde abgeblicktes Wort

→

→

zerknüllte Ebenen zerstreuen verbreitete Trockenheit, Klang kommt Unwissen näher als ich und rutscht aus den Händen, giftiger Schauer kalibriert Winter wie verbrannte Hügel auf meinen Wangen wird Scham heimisch und falsche Trauben schlagen sich um meinen Mund usta, wo derbes Feuer dicht grün an scheubraunen Mänteln der Uniformen raucht

→

→

hingestreut aus Losem dann durchkopiert wortlos auf 1 reduziert, kommen Zurufe auf vorgelegte Bahnen sollen durch Sprechzüge vergeben sein, aufeinander zu folgen, die Sätze durchzogen zu sprechen, saftig konzentrierte Ausfüllung zurückgeworfener Versilbung hohler Wände, zur Sinnesüberprüfung aufgenommen in mehrspurig zu greifen tisak sammeln Jäger vom Gepflückten schieben aus Gängen der Ausweider ein Lungeneck in neues Leder geschmiedet

→

→

das polierte Gewand überzogener Anmut wie
Schweigen selbst. mehr aufs Sehen gestaltet,
das Federkleid verdeckt eine gesprochene
Farbigkeit, treibt das verständige Liebkind
die Vorsager, die Erkannten, singen im tag-
hellen Saal ein Bild aus Pappmaschee

→

→

grölst mir ein Lied aus Unterbrechungen in Nöten karstig erscheinender Vibrationen vielfach erhobenen Getöses. haltet mich am Laken fest ein Floß das Haifischflossen versenkt, Treibgut und Fischabfälle versuchen Erklärung vorzulegen, der Turm besetzt die Dame übersetzt die Besetzung schief in Sprache verstellt auf mehreren Feldern. dass Urteile fallen mit unreifem Gelächter gemischt, dass du aufgewirbelt zugewiesen beklagst, dass die absurden Ozeane Obszönitäten betiteln

→

→

aufgetürmt zu neuen Tagen, die Alte schwört
den Neuling ein, Eide werden abgenommen
Bänder lang gesponnen um den Hals zu
verengen, Stimmen füllen nebelige Schwaden
eingerichtet wie Peilen nach Gestein das dann
Wege endlich meldet, sind dort die Vogellaute
klagender als vorstellbar und die Alte will
kein Gewimmer bevor Gangarten abgestimmt
werden, gegürtelt zur Abführung

→

→

und alles im Halbschatten von verschobenen
Zeilen als eine Linie die Unterbrechung nach-
predigt, verklungen ist jeder Widerspruch
unter Kanalisationsdeckeln verblasst. als
Hunde triefend liefen schrumpfte der Vor-
sprung der Vorfahren grobmaschig präpariert
in Strickwaren, und die Lieder singen Feuers-
brunst recken sich Hälser um einen Anfang
von Unendlichkeit

←